Giulia Batch

Scripts d'hypnose pour professionnels

1er degré protocole I.A.S.R

Partenaire éditorial © Amazon LTD

Code ISBN 9781729330609

Marque éditoriale : Independently published

Scripts d'hypnose pour professionnels

1er degré protocole I.A.S.R

Giulia Batch

Partenaire éditorial © Amazon LTD

SOMMAIRE

À PROPOS

Ce livre ne respecte pas les règles de l'orthographe et de la grammaire qui vous sont habituelles : l'hypnose est une langue à part entière.
Il vous est recommandé d'adapter vos textes et vos suggestions, c'est pourquoi ce livre vise les professionnels.
Le protocole   IASR se déroule en quatre phases fondamentales :

Induction
Approfondissement
Suggestions
Réveil

Il est possible d'utiliser ce guide en Auto-hypnose, il faudra alors adapter, puis enregistrer les textes sur une musique d'ambiance. Pour les musiques d'ambiance, si possible il faut choisir une musique de 60 battements par minutes cela participera à entrer en niveau alpha, vous pouvez au moment de l'approfondissement mettre une musique de synchronisation en ondes thêta (4 à 8 Hz), puis pour le réveil vous pouvez prévoir une musique d'ambiance de type SPA-RELAXATION.

QUATRE NOTIONS DE BASE

L'essence du protocole I.A.S.R tient dans quatre notions rattachées à notre fonctionnement cérébral, et qui sont progressives et intimement liées entre elles.
- Pour comprendre le protocole I.A.S.R, il faut intégrer la pratique de l'approfondissement : passer du mode relaxation au mode hypnotique : basculement entre deux univers le conscient et l'inconscient : être là et ailleurs à la fois.
- Pour comprendre le protocole I.A.S.R, il faut intégrer la pratique des suggestions directes ou indirectes. Cibler le comportement actuel et progressivement ouvrir la voie au changement.
- Pour comprendre le protocole I.A.S.R, il faut d'abord intégrer la pratique du réveil dont le temps sera proportionnel au temps de l'induction.

Le protocole I.A.S.R structure une approche de l'hypnose en utilisant une méthodologie précise. Je sais que les critiques vont pleuvoir, mais ne rien faire, ne rien dire, et rester dans un trop-plein d'informations fragilise depuis trop longtemps l'hypnose. Les gourous s'en emparent, le spectacle de foire la rend inintelligible en tant que thérapie, les scientistes alimentent des débats d'idées pour noircir des pages de thèses, et les cliniciens voudraient en faire une chasse gardée comme pour l'E.M.D.R.

La vie est une aventure, et chaque expérience nous enrichit. Vous avez donc le droit d'ouvrir la porte qui mène à votre subtilité par plus profonde.

En se projetant dans le passé, on peut trouver les ressources pour s'en sortir dans l'avenir. Il existe une technique : l'hypnose aide à vous projeter dans vos succès passés pour construire vos succès futurs. Pourquoi est-ce important ? Eh bien, personne n'a jamais tout raté. Vous avez acquis une certaine réussite un jour ou l'autre : permis de conduire, examens, premiers alors, moment de bonheur.

En entretenant des pensées positives elles vous viendront spontanément à l'esprit pendant les périodes d'obstacles. L'hypnose c'est apprendre à fabriquer du positif, des ressources, et une fois installez il vous suffit d'y faire appel.

Enfin, le syndrome du médium, toutes les personnes en manque de confiance le subissent. Vous êtes tellement peu confiant en vous-mêmes que vous imaginez tous les scenarii possibles qui vont vous faire échouer. L'hypnose vous fera envisager tous les scénarios possibles pour que vous réussissiez.

Passez à l'action dès maintenant !

Vous choisissez une induction, un approfondissement,

un scénario et un réveil et GO

INDUCTION LENTE

Vous voici assis confortablement. Vos yeux sont fermés. Pouvez-vous sentir ce début de relâchement, cette détente paisible qui s'installe, et voudriez-vous vous relaxer davantage. Pouvez-vous remarquer votre respiration abdominale et sentez votre ventre qui se soulève et s'abaisse et pour-vous sentir plus calme il suffit d'observer le rythme votre respiration abdominale et remarquer comme votre respiration devient plus lente et plus profonde, et sentir cette tranquillité qui s'installe et aussi imaginer entendre un gazouillis d'oiseau ou sentir un vent léger et chaud sur votre peau comme si vous étiez un soir d'été au bord d'une plage, et aussi percevoir l'odeur de la mer et écouter le flux et le reflux des vagues, et peut-être vous souvenir imaginer voir des gâteaux au loin au large, et faire l'expérience de prêter attention aux lumières qui sont là, est-ce l'aube, ou est-ce l'aurore, ou un autre moment, et vous demander choisir de vous laisser allez, et réalisez que vous lâcher prise, naturellement, tranquillement et calmement. Et je vais compter du chiffre 50 au chiffre 0. Lorsque je prononcerai le chiffre 0, vous serez ici et là en même temps, peut-être même en transe hypnotique, 50.vous respirez tranquillement. Observez votre respiration abdominale, le ventre qui se soulève et qui s'abaisse au rythme de votre respiration. 49 au fur et à mesure de votre détente, vous vous relaxez et vous rapprochez de l'état d'hypnose. 48. vous pouvez imaginez votre état de transe hypnotique et autorisez-vous à être détendu, relâché, relaxé, et peut-être davantage encore, continuer à penser à bien vous détendre, détendez vous complètement, totalement, 47.

Et prenez conscience de votre dos, de l'ensemble de votre dos, et ressentez le contact des points d'appui, et la détente s'installe encore et vous pouvez bien ressentir votre relaxation 46. observez votre respiration abdominale, toujours plus calme, tranquille, régulière, toujours, et vous la laissez être plus lente 45. La détente s'installe de plus sereinement., et vous entrez pas à pas dans un état profond de relâchement, laissez-vous allez. 44.. la détente s'installe confortablement, naturellement, à son rythme. 43. Ressentez ce calme et cette sérénité qui s'installe un peu plus à chaque respiration, à chaque expiration vous pouvez ressentir un relâchement, et à chaque inspiration vous sentez votre relaxation devenir totale et vous la sentez s'approfondir 42. Chaque seconde vous entrez un peu plus dans un état de calme et de sérénité, et vous vous souvenez d'un moment ou vous avez connu un état identique, avant de fermer les yeux, avant de vous laisser aller. 41. c'est calme, immensément calme et tranquille, comme un havre de paix. 40. Vous êtes-vous déjà demandé si ce sont les dizaines qui vous détendent le plus, ou si c'est plutôt les 9, les 8, les 7, les 6, les 4 et vous lâchez prise 3, 2, 1 c'est confortable. 39. Nous allons faire un voyage, en imagination, 38 et à présent veuillez porter toute votre attention sur vos mains, 39 sur vos deux mains qui sont posées là sur vos cuisses, 38 et en y étant très attentif, bien ressentir les zones plus chaudes et les zones plus fraîches qui se nichent là dans vos mains, 37 ou dans l'une ou l'autre de vos mains. 36, 35, 34, Et peut-être pourrez-vous même percevoir l'une ou l'autre différence de sensation entre votre main droite et votre main gauche 33, 32, 31, 30 et en étant très attentif et peut-être pourriez-vous ressentir le contact et à la pesanteur de vos mains sur vos cuisses. 29, 28, 27, 26, et être très attentif à repérer peut-être dans une main ou dans l'autre main un picotin, 25, 24, 23, 22, 21, 20, ou alors un frémissement léger ou une sensation de chaleur en y étant très attentif ou une sensation de fraîcheur en y étant très attentif, 19, 18, 17, et être très attentif à repérer peut-être une sensation de lourdeur ou de légèreté dans vos mains, ou dans l'une ou l'autre de vos mains 16 et il est très possible que dans un instant vous sachiez quelle main est la plus légère et quelle main est la plus lourde, peut-être cela peut commencer par un doigt de la main la plus légère, 15 peut-être l'index ou le pouce de la main la plus légère 14 ou un autre doigt le majeur ou l'annuaire qui seraient les doigts les plus légers. 13 Et dans un instant peut-être pourrez-vous aidez la main de ce doigt ou de ces ces doigts 12 et laisser la main être plus légère encore, 11 naturellement, à son rythme, et à sa manière 10 laisser votre main la plus légère devenir plus légère encore. 9 Et à présent votre voyage commence, et imaginez un ballon aérien auquel est attachée une ficelle, et que vous attachez à votre poignet, et bien ressentir l'effet du ballon 8 et peut-être pourrez-vous même percevoir que le ballon si léger entraîne votre main vers le haut. 7 Et il est très possible que dans un instant vous sachiez que votre main se soulève vers le haut, tranquillement, naturellement, à sa manière, à son rythme et continuez à aider votre main à devenir plus légère sous l'effet du ballon 6 et calmement, naturellement, laissez votre main s'alléger, s'alléger encore, pour s'élever vers le haut tranquillement. 5 soyez très attentif à repérer peut-être que sous l'effet du ballon aérien et, car vous l'aidez aussi, votre, mais soit plus légère encore, 4, et peut-être pourriez-vous ressentir un plaisir à laisser votre main de venir plus légère, 3 votre main monte tranquillement vers le haut, 2 au plus votre main est légère et au plus votre détente s'accentue, 1, 1, 1, à présent vous vivez votre état d'hypnose.

INDUCTION RAPIDE

À présent, reposez votre main droite sur votre cuisse droite et votre main gauche sur votre cuisse gauche. Maintenant, recherchez la position idéale de relaxation pour votre corps, et en même temps que vous faites cela, tout votre corps commence à se détendre profondément. Et quand que vous êtes installé confortablement, vous fermez les yeux. Ne prêtez aucune attention à la musique d'ambiance, concentrez-vous seulement sur votre détente et vous n'êtes pas obligé d'écouter ma voix. Vous savez certainement que rien n'est au-delà du pouvoir de votre esprit et qu'en y étant très attentif vous allez commencer à remarquer des phénomènes comme la chaleur dans la paume d'une main, ou la fraîcheur au-dessus de l'autre main, et vous pouvez même remarquer, en y étant attentif et réceptif que votre main droite pourrait devenir plus légère et en même temps que votre main gauche deviendrait de plus lourde, et peut-être un frémissement cutané léger, ou un picotit, peut-il se produire dans un doigt ou dans un autre de la main que vous pensez être la plus légère, et au plus vous aiderez votre main à devenir plus légère et au plus vous serez complètement relaxé, tranquillement détendu, naturellement relâché et peut-être même allez-vous entrer maintenant dans une transe très profonde, ou alors dans un instant. Votre main et votre bras sont si légers que vous ressentez qu'ils montent, vers votre front, vous ne savez pas vraiment, si c'est vrai ou imaginé, si vous êtes ici ou ailleurs, conscient ou inconscient, et peut-être certainement êtes-vous entre les deux, ici et ailleurs à la fois, c'est la caractéristique de l'hypnose. Maintenant, imaginez seulement que vous souleviez votre main droite, naturellement, confortablement, sans effort. C'est ça imaginez le plus précisément possible que votre main flotte. Et ressentez la rigidité de l'autre bras et imaginez l'impossibilité de le fléchir. Car au plus vous imaginez votre bras droit léger, et au moins vous pouvez fléchir votre bras gauche, même si vous essayez, ce qui vous incite à vérifier les ressources de votre esprit et vous vous laissez aller vers un état de relaxation de plus en plus profond. Maintenant, relaxez simplement vos pensées... rien que des pensées agréables, détendues, sereines. Et certainement vous aimez le soleil sur votre peau un jour d'été, d'ailleurs tout le monde préfère les jours de soleil aux jours de pluie, pour beaucoup de monde la pluie c'est triste, et le soleil c'est plus sympathique, et maintenant que vous êtes installé confortablement, trouvez la position idéale pour vous détendre, la plupart d'entre-nous aimons nous détendre au soleil, et tout le monde à plaisir à se relaxez. C'est le début pour tout un chacun de la détente, et c'est agréable... » Vous voici assis confortablement. Vos yeux sont fermés. La détente paisible qui s'installe, et voudriez-vous vous relaxer davantage pour enter en hypnose. Allez-y. Pouvez-vous remarquer votre respiration abdominale et sentez votre ventre qui se soulève et s'abaisse et pour-vous sentir plus calme il suffit d'observer le rythme votre respiration abdominale et remarquer comme votre respiration devient plus lente et plus profonde, et sentir cette tranquillité qui s'installe et aussi imaginer entendre un gazouillis d'oiseau ou sentir un vent léger et chaud sur votre peau comme si vous étiez un soir d'été au bord d'une plage, et aussi percevoir l'odeur de la mer et écouter le flux et le reflux des vagues, et peut-être vous souvenir imaginer voir des gâteaux au loin au large, et faire l'expérience de prêter attention aux lumières qui sont là, est-ce l'aube, ou est-ce l'aurore, ou un autre moment, et vous demander choisir de vous laisser allez, et réalisez que vous lâcher prise, naturellement, tranquillement et calmement.

APPROFONDISSEMENT

Alors que ces paupières sont fermées, soyez un moment attentif à ce qui se passe à l'intérieur de vous-même ; à votre respiration. Et je vais compter pour vous accompagner à enter bien en contact avec votre inconscient, cet inconscient qui est vous, car l'inconscient à un conscient et dans le conscient nous pouvons être inconscient 10, 9, 8 chaque inspiration, est un relâchement. Comme ça, très bien.7, 6, 5 lus vous inspirez, comme ceci, alors que vous soufflez, comme cela, et plus certaines parties du corps se relâche et se détendent. Vous pouvez être curieux de savoir quelles sont les parties du corps les plus détendues, et aussi quand l'hypnose s'installe, 5, 4, 3 vos ondes cérébrales ralentissent au plus vous respirez, vous entrez ne transe au plus vous expirez, 2,1, vous êtes bien, conscient et en apesanteur, et vous approfondissez à votre gens votre hypnose… comme vous la souhaitez…

À présent je vous propose un voyage j et je vais compter de 1 à 10 et je commence à compter maintenant 10 - 9 — sans faire aucun effort vous prenez contact avec votre inconscient 8 - 7 — confortablement sans aucun effort, naturellement et spontanément s'élever 6 — à votre rythme à votre manière 5 - 4 - et vous pouvez même prendre un certain plaisir à ce contact avec la partie la plus profonde de vous même, tranquillement et confortablement, et vous pouvez trouvez cela plaisant 3 - de ressentir c'est facile 2 - 1 - 1 - 1 - 1 et à présent vous savez que votre inconscient vous écoute ?
Voilà un escalier de dix marches... Votre corps s'est déplacé sur la dixième marche. Dans un mouvement hypnotique..., vous allez descendre, descendre

doucement les marches. Vous atteignez la neuvième marche, et vous pouvez avoir un regard neuf sur le passé. Huitième vous descendez, vous descendez encore. Sixième marche, la descente continue. Cinquième marche vous êtes à mi-chemin entre la détente et l'hypnose. Quatrième marche et vous continuez de descendre l'escalier Troisième marche vous voilà en bas. Deuxième marche, première marche, vous avez atteint votre état d'hypnose, et la transe nécessaire à commencer votre voyage.

RÉVEIL

Dans un moment vous allez vous réveiller, mais vous n'avez pas besoin d'oublier ce qui est important ; et aussi vous pourrez vous réveiller complètement quand vous ouvrirez les yeux, mais sans vous rendre compte de ce qui s'est passé dans le détail quand ils étaient fermés, mais simplement du changement qui s'est produit.

Je me demande si vous pouvez maintenant choisir de décider de ramener cet état de détente à votre état d'éveil... pour qu'il soit avec vous dans votre quotidien... ; autant chez vous qu'au travail, dans toute situation… Vous allez vous réassociez avant de revenir lentement et tranquillement ici et maintenant, et je vais vous accompagner. Vous pouvez commencer à revenir à un état d'éveil complet... Lorsque je prononcerai le nombre 10, vous serez complètement éveillé (éveillée)...., 2... – vous ressentez une sensation énergisante parcourir votre corps... –, 3…, 4…. – vous vous éveillez lentement... Votre respiration est naturelle... Une belle énergie circule en vous... Et vous conserverez cette énergie durant les jours à venir... –, 5..., 6... – vous prenez une grande respiration... –, 7..., 8... – votre corps continue de s'éveiller... : bougez les pieds, les mains, les parties de votre visage… Vous avez de nouveau conscience de la tonicité de vos muscles... Étirez-vous… Étendez vos jambes..., vos bras..., tout votre corps... –, 9..., 10… Soulevez doucement vos paupières... Vous ouvrez les yeux... Vous êtes complètement éveillé (éveillée).

ALLERGIES — VERRUES — ACTNÉE

Cette allergie va partir, et vous savez que vous savez que votre esprit contrôle votre corps, par exemple si vous avez peur votre rythme cardiaque s'accélère sur ordre de votre esprit, et sachez que si vous savez le demandez, vraiment le demander alors vos ondes positives s'activent, et votre esprit obéit. Si vous le décidez, cette allergie va disparaître très prochainement. Votre peau va se sentir légèrement fraîche dans les zones de l'allergie, il faut environ une journée ou deux, et en même temps pour que tout cela commence à s'estomper. Maintenant, et comme je crois que vous êtes prêt, je compte lentement de cinq à un, et votre allergie va s'estomper. 5 votre détermination est réelle, 4 vous demandez à votre moi le plus profond de vous entendre, 3 vous visualisez votre corps sain et l'allergie qui c'est s'estomper, 2 vous êtes fier de vous, 1 vous sentez votre force intérieure capable de terminer le nettoyage de votre corps.

AGORAPHOBIE

Et en même temps que votre main flotte, votre esprit va commencer à vous alléger de cette peur de la foule, et alors que ce bras monte de plus en plus, vous sentez que cette peur se transforme. Car vous savez qu'il ne peut rien arriver, il suffit de rester là dans la foule, et au plus votre bras continue de flotter au plus vous décidez de restez et d'affronter cette peur indéfinie ce leurre, et vous savez que vous savez que c'est un leurre, car plus vous restez plus la peur s'éloigne, et rien ne se passe, et laissez s'installez alors une ressource de sérénité, et aussitôt que vous avez peur, de ce qui ne peut pas arriver, un état de calme s'installe. Alors maintenant ressentez cet été de calme, et imaginez un lieu ou vous êtes en sécurité, car vous avez, vous aussi un endroit de rêve ou vous aimerez être, un bord d mer assis sur le sable chaud, ou un sentier de montagne et vous vous promenez sous un soleil radieux en contemplant un magnifique paysage, et peut-être un autre souvenir que vous pouvez fabriquer comme votre lieu sécuritaire. Et si cette peur inutile revient, un jour ou l'autre, et il n'y a aucune raison, alors il vous suffira de penser à votre lieu sécuritaire, puis à cet été de calme, de sérénité, et de quiétude, qui est là maintenant. Aussitôt que votre main qui flotte va redescendre ; vous pouvez voir que tous ces souvenirs de peurs auront disparu de votre esprit conscient ; et vous savez que votre mental est assez fort pour accomplir cela, car ce n'est rien pour lui à côté de son immense puissance, alors je vais compter de 1 jusqu'à 5 et votre bras va redescendre ; 1 vous ressentez de la pesanteur dans votre bras, 2 vous laissez allez doucement votre bras vers le bas, 3 votre bras va se baisser 2 votre bras se pose sur votre cuise, 1 vous vous sentez bien et complètement libéré et détendue. « Et votre esprit inconscient va continuer à renforcer votre confiance et vous préparer pour notre prochaine séance après votre départ.

SORTIR D'UNE SITUATION DIFFICILE

Votre esprit conscient imagine des solutions, pendant que votre esprit inconscient étudie leurs conséquences et leurs effets, ou peut-être préférez-vous que votre esprit inconscient génère des propositions et que votre esprit conscient choisisse en fonction de votre réalité votre esprit conscient se rabâche les détails des événements, pourtant votre esprit inconscient est capable de vous mettre en recul des événements et des sentiments, bien sur votre esprit conscient se souviendra toujours de ce qui s'est passé, alors que votre esprit conscient peut lui développer des réponses très puissantes pour vous aider. Votre esprit conscient peut croire lui que rien n'est possible, pendant que votre esprit inconscient prend le temps dont il a besoin, pour vous proposer des pistes neuves, nouvelles parfois inattendues, et il vous reste à croire en vous. Et c'est le moment de choisir, de laisser faire votre inconscient, ou d'être trop conscient que rein n'est possible. Et quand vous ouvrirez les yeux vous pourrez consciemment voir des solutions, petit à petit se mettre en place, si vous avez choisi de faire confiance à votre esprit inconscient et peut-être cela va prendre un peu de temps à votre esprit conscient qui est trop plongé dans le maintenant à accepter les propositions qui vont naître et se renforcer et vous préparer pour les étudier lors de nos prochaines séances après votre départ.

SAVOIR SE PROTÉGER

Je vais vous proposer d'imaginer un grand paysage, un grand paysagé dégagé, comme une plaine. Et sachez que même si vous ne voyez pas les images proposées, assurément, elles se manifestent à vous sur votre écran intérieur, alors, laissez-vous aller complètement et sentez-vous bien, en confiance, en sécurité et en tranquillité.

Dans ce paysage, vous pouvez vous rendre compte qu'il y a trois endroits différents autour de vous, un à gauche, un au centre, un à droite.

Le premier endroit à gauche, c'est une forteresse, et les personnes sont enfermées derrière de hautes murailles. Elles sont là. Dans ce lieu impénétrable. Elles sont parfaitement protégées, et bien à l'abri derrière leurs murs impénétrables. Il ne peut rien leur arriver. Et peut-être connaissez-vous des gens ainsi, ou peu comme eux.

Le deuxième endroit devant vous, c'est un groupe de personnes, les unes assises, les autres debout, il n'y a rien autour d'elles, il n'y a rien du tout, rien ne les protège. Elles sont là, comme ça. Un peu comme des vagabonds, ou des marginaux qui vivraient presque nus, ou justes avec peu de choses et c'est certain avec rien ne les protège. Ni du froid, ni d'un temps de canicule, ni des bêtes qui portant rodé là, ces personnes sont très vulnérables. Et peut-être connaissez-vous des gens ainsi, ou peu comme eux.

Enfin sur votre droite, là c'est différent, cela peut même vous paraître étrange, car les personnes sont derrière des murs transparents, translucides, vous ne voyez, mais vous ressentez que ces personnes sont fortes, et protégées. Elles semblent invulnérables. Et peut-être connaissez-vous des gens ainsi, ou peu comme eux.

Ces trois groupes sont trop loin les uns des autres pour communiquer. Pourtant leur besoin de communiquer est grand. Elles ne peuvent pas crier. Car céla ne servirait à rien, c'est trop loin. Vous observez qu'elles ont trouvé une autre solution. Alors vous observez que quand elles veulent transmettre un message elles utilisent les flèches, pour envoyer un message.

Et maintenant, observe bien comment elles s'y prennent. Elles attachent un parchemin avec leur message à une flèche puis elles l'envoient au groupe ou à une personne du groupe à qui elles veulent transmettre un message.

Pour les personnes du premier groupe, les flèches s'écrasent sur murs du château fort, tout est verrouillé, bloqué, arrêté, verrouillé par les murs impénétrables. Et peut-être connaissez-vous des gens ainsi qui ne peuvent recevoir de messages, car ils sont obtus, têtus, enfermés dans leur certitude.

Pour ceux qui n'ont rien autour d'eux, là c'est complètement différent, les flèches leur arrivent en plein cœur. Rien n'est arrêté, tous les messages passent. Et peut-être connaissez-vous des gens ainsi, ou peu comme eux. Qui croit tout ce qu'on leur dit, acceptent tous les messages, et ils pleurent parfois souvent, car il y a trop de mauvaises nouvelles dans les messages, et d'ailleurs les bonnes nouvelles ils les lisent vite, et ils s'arrêtent trop longtemps sur les mauvaises.

Enfin pour le dernier groupe, ceux qui sont à votre droite, et qui ont ce mur transparent, translucide autour d'elles, les personnes lisent ce que contient le message et elles gardent ou elles jettent. Et si elles aiment elles répondent favorablement, si elles n'aiment pas elles ignorent. Ces personnes ont le choix d'accepter ou de refuser les messages qui leur arrive, le choix d'accepter ce qui leur plaît, mais aussi de refuser ce qui ne leur plaît pas.

À votre tour, vous avez le choix. Vous pouvez choisir de construire un mur impénétrable, infranchissable, qui ne laissera rien passer. Ni ce qui est bon. Ni ce qui est mauvais. Vous pouvez choisir de tout laisser vous atteindre. Vous avez aussi le choix d'avoir le choix. Et d'avoir la possibilité d'accepter ou de refuser. C'est juste à votre inconscient qu'il suffit de donner votre choix. Maintenant.

SAVOIR SE SOULAGER DES FARDEAUX

Je vais vous proposer de vous imaginer que vous êtes en train de marcher avec un gros sac à dos, le long d'un sentier qui grimpe, vers une belle montagne, et vous offre un paysage magnifique, et cela peut-être un paysage connu ou imaginé. Et doucement, vous respirez l'air pur et frais. Vous entendez les bruits de la nature. Percevez le chant des oiseaux. Soyez attentif au bruissement des feuilles.dans les arbres. Et tendez l'oreille, n'y a-t-il pas comme le murmure d'un ruisseau au loin. Sentez la délicate brise du vent léger sur votre visage. Observez les arbres et aussi le bleu du ciel avec de petits nuages, et vous pouvez voir de petites pierres qui bordent le sentier. Vous vous sentez bien, en confiance, en sécurité. Vous ressentez la chaleur du soleil qui pénètre votre peau et qui vous procure une sensation agréable de relâchement, de calme, de sérénité, une douce détente et pendant que vous continuez de marcher dans ce sentier, vous remarquez qu'il grimpe plus fort, vous sentez que maintenant ça monte. Et vous continuez de balayer des yeux le paysage merveilleux qui s'offre à vous. Mais au plus vous avancez, et au plus vous ressentez la lourdeur de votre sac à dos, chaque fois que vous faites un pas sur le sentier qui commence à monter de plus en plus. C'est que votre sac à dos déborde de choses qui deviennent, pour vous, lourdes à porter. Le poids de ce qu'a laissé en vous chaque année de la vie. Mais aussi votre sac à dos, renferme tout le poids de vos émotions, de vos sentiments. Tout le poids aussi de votre vie est là. Tout ce poids est-il utile ? Voulez-vous continuer à grimper avec ce poids, qui limite votre ascension, où il y a un autre choix. Vous savez que vous savez qu'il y a un autre choix. Maintenant, à cet instant, vous savez qu'il y a un choix à faire. Bien sûr le passé ne s'oublie jamais, mais êtes-vous sûr que tout ce poids vous est utile ? Peut-être y a-t-il des sentiments inutiles, des habitudes superflues, des comportements obsolètes. Et vous savez que vous les portez sur votre dos. Bien sûr il y a des choses à garder et heureusement. Alors, comment faire ? Que décidez-vous ? Peut-être, dans un premier temps accepter d'ouvrir r votre sac à dos et de regarder ce qui s'y trouve. Et vous savez que ce que représentent les situations, les sensations, les réactions. Peut-être vous vous demandez ce qui est utile, pour continuer votre chemin. Et que pouvez-vous faire pour vous séparer de l'inutile ? Et vous savez que votre inconscient peut lui imaginer et faire que ce qu'il imagine soit vrai. Car pour votre inconscient tout est réalité. Je vous invite maintenant à vous libérer du superflu, de l'inutile, et de ne garder que si vous aide à avancer, que ce dont vous avez vraiment besoin, mais vraiment besoin. Prenez le temps de juger la situation. À vous de décider ! Vous pouvez décider de vous libérer et de vous autoriser à vous alléger. Le contenu de ce sac vous pèse trop. Vous avez décidé, c'est bien. Bravo. À présent, imaginez que vous jetez des objets inutiles, débarrassez-vous sentiments inutiles, des frustrations. Allez-y continuer. Maintenant, soyez très attentif, et remarquez votre sensation de soulagement. Cette sensation parcourt tout votre corps et sentez comme votre esprit est libéré. Puis, votre satisfaction augmente. Vous venez de vous libérer et un sentiment de calme s'installe en vous. Vous respirez de plus en plus librement, de plus en plus légèrement, et vous ressentez un sentiment de liberté, de paix intérieure et cette libération vous est bénéfique. Un nouvel horizon d'infinies possibilités s'offre à vous. À partir de maintenant, jour après jour vous sentirez le changement qui se produit quand les poids inutiles se sont envolés. Ainsi, vous allez vivre jour après jour, un moment de découverte, car vous venez de changer votre façon de penser et d'interpréter les situations. Vous venez de changer votre façon de réagir et ce changement est votre nouveau choix de vie. Je vais vous proposer de vous imaginer que vous êtes en train de rentrer, heureux de cette ballade, le cœur léger.

FUTURISATION

Je vais vous proposer de vous imaginer que vous êtes en train de visiter une bibliothèque. Vous êtes maintenant devant un bâtiment et devant vous il y a une grande porte. C'est l'entrée de la bibliothèque. Et sachez que même si vous ne voyez pas les images proposées, assurément, elles se manifestent à vous sur votre écran intérieur, alors, laissez-vous aller complètement et surtout, restez en contact avec les sensations de votre corps.

Vous ouvrez la porte d'entrée du bâtiment. Vous observez un panneau qui indique à droite la grande bibliothèque. Vous suivez le couloir et en face de vous vous voyez la porte d'entrée. C'est une très grande salle. Vous percevez tout naturellement les éléments de ce lieu. La lumière de cette bibliothèque est amenée par de grandes fenêtres, mais aussi par des néons au plafond. Vous sentez l'odeur des livres, vous ressentez que l'endroit est paisible. Et il flotte dans l'air une musique. Une musique classique en sourdine. Doucement, à votre rythme, vous parcourez les allées. Vous vous sentez bien, en confiance, en sécurité.

Sur les étagères autour il y a des centaines et des centaines de livres, des grands, des petits, des livres aux couleurs diverses. Vous voyez les titres. Vous marchez d'allée en allée pour explorer cette bibliothèque. Soudain, un livre attire votre attention. C'est un grand livre bien relié et aux belles couleurs. Votre attention se porte immédiatement sur le titre, et à votre grande surprise le titre est votre prénom. À présent, vous vous autorisez à ouvrir ce livre. Vous parcourez le premier chapitre, il porte comme titre votre date de naissance. Alors vous parcourez la page. Il y a le nom de votre papa, celui de votre maman, et les lignes défilent devant vous, vous pouvez utiliser le doigt qui dit oui, ou le doigt qui dit non pour continuer ou ralentir l'expérience de votre visualisation.

Vous continuez de parcourir les chapitres du livre, ce sont les chapitres de votre vie. Votre regard, votre choix, peut se porter sur n'importe quel chapitre de votre vie. Mais votre curiosité vous conduit, au chapitre d'aujourd'hui, celui de maintenant, il y a une partie de vous qui a peur ou qui ne veut pas découvrir l'avenir. Maintenant, il y a une autre partie de vous qui voudrait savoir. Vous regardez de nouveau le contenu du livre et vous choisissez de regarder ce nouveau chapitre. Et c'est surprenant, car rien n'est écrit. C'est à vous de choisir. Vous pouvez écrire le chapitre ou revenir plus tard. Comme d'habitude, vous pouvez utiliser le doigt qui dit oui, ou le doigt qui dit non pour continuer ou ralentir l'expérience de votre visualisation. Alors, sur cette page presque blanche, vous décidez d'écrire, de raconter votre désir. Vous savez que ce qui est important c'est de rester humble dans vos attentes. De ne demander que ce qui est possible et réaliste, et de ne jamais chercher ce qui serait utopique. Mais vous pouvez demander des choses ordinaires, mais aussi des choses extraordinaires, tant que cela reste dans le domaine du possible. Installez-vous, prenez ce dont vous avez besoin pour écrire, et lorsque vous aurez fini, vous n'aurez qu'à me le faire savoir, avec le doigt qui dit oui. Prenez bien le temps nécessaire pour écrire.

Maintenant, demandez à votre inconscient d'enregistrer, d'ancrer en vous cette nouvelle page de vie pour qu'à votre réveil, cela fasse partie intégrante de vous. Et sachez que vous pourrez quand vous le voudrez revenir dans votre bibliothèque intérieure, pour consulter votre livre de vie.

À présent, vous relirez les pages que vous venez d'écrire. Vous venez de programmer votre avenir et vous devez juste vous en souvenir. Car c'est une direction que vous venez d'écrire, un but que vous venez de fixer, un cap que vous venez de définir.

Et maintenant, remettez le livre à sa place et déplacez-vous vers la grande porte de la bibliothèque, puis suivez le couloir jusqu'à la sortie du bâtiment. Désormais, vous pourrez ressentir dans votre quotidien les bienfaits de ce que vous venez d'accomplir et suivre votre cap, votre direction, votre objectif.

LUTTER CONTRE LE TABAGISME

Je vais vous proposer de vous imaginer au bord de la mer. Et vous observez les vagues de l'océan, maintenant vous ressentez les vagues, vous entendez le ressac et vous sentez l'odeur de la mer. Et sachez que même si vous ne voyez pas les images proposées, ou que vous n'ayez pas tous les ressentis, assurément, votre écran intérieur les intègre, alors, laissez-vous aller complètement et surtout, restez réceptif, attentif, et simplement très confortablement laissez-vous guider. Vous avancez vers la mer. Vous pouvez imaginer votre maillot de bain, le sable miaulé sous vos pieds. Er à présent, vos yeux se posent sur le sable ou vient naturellement se relâcher le flot des vagues, et vous sentez la fraîcheur de l'eau de mer puis vous sentez l'odeur des algues comme une odeur de fenouil marin, ou une autre odeur dont vous avez souvenir. Une odeur d mer dont vous vous souvenez. Vous observez une plante vivace qui pousse sur les rochers du bord de mer autour de vous. Vous êtes de plus en plus attentif et réceptif, aux odeurs, à l'air, au vent. Et à présent imaginer que les vagues vous nettoient progressivement de toutes les impuretés de toutes ondes négatives qui se sont accumulées au fil des années. Et votre envie de fumer s'échappe doucement au fur et à mesure du ressac, du flux et du reflux. Alors l'envie de fumer, devient une envie de fraîcheur, de santé, de calme, de liberté. Votre énergie vitale devient plus forte que de toutes les angoisses. Votre énergie vitale devient plus forte que toutes les peurs qui apparaissent progressivement lors du sevrage. Et à présent, vous sentez résolument que rien ne pourra contrecarrer votre décision, que nul ne pourra contrer votre objectif, car vous avez décidé. Calmement, sereinement vous pouvez sentir la mer, et vous ressentez le bonheur de respirer l'air libre, d'être sans tabac. Et imaginez maintenant une bouffée de cigarette, et laissez vite revenir votre sensation le ressac, le flux et le reflux, l'odeur marine, le bonheur. Et à chaque fois que vous aurez envie de fumer, c'est cette sensation qui viendra, car vous y penserez. Et pensez que vous penserez à cette sensation au moment d'un besoin de fumer. Et vous préférer l'odeur d cela mer et le bonheur au tabac et à son risque sur votre santé. Vous êtes bien et vous ressentez que votre santé est resplendissante, que vous avez retrouvé votre souffle. Vous sentez l'odeur agréable de la mer qui monte à vos narines. Et vous pensez à des billets, ils représentent vos économies. À présent, imaginez ce que vous allez faire de l'argent qui n'est plus gaspillé en fumée. Le bien-être est la sensation primordiale qui remplace votre mauvaise habitude du tabac. Et vous allez maintenant garder en vous cette visualisation. Elle est en vous à cet instant. Et vous êtes parfaitement en harmonie. Vous ancrez cette sensation de bien-être. Sentez bien l'odeur des embruns et celle de l'algue et demandez à votre inconscient de mémoriser ce moment et cette odeur. À chaque envie de tabac, vous vous remémorerez cette odeur, et votre corps et votre esprit renforcent immédiatement votre dégoût du tabac. Vous avez décidé de ne plus fumer, car vous connaissez les conséquences liées au tabac. Il tue, meurtrit, assombrit les idées. Maintenant, imaginez-vous avec un masque respiratoire dans un hôpital en train de lutter contre la mort, contre un cancer du poumon et de la gorge. Hélas, le tabac mène à la mort. Il vous faut vite oublier cette image, laissez là partir. Et à présent, vous retrouvez l'odeur des embruns. Vous savez si une envie est très forte alors votre détermination est mise à l'épreuve, et faites appel à votre stratégie. Il vous suffit de respirer un peu de l'odeur de votre flacon sauveur et un flot d'énergie vous habite immédiatement et qui vous libère de votre envie au fond de vous puis la remplace par une nouvelle la sensation de bien-être, une énergie, une force extraordinaire. Alors vous pensez à votre balade en bord de mer, et vous ressentez que votre volonté devient plus forte que les envies, que votre volonté devient plus forte que les tentations, et que votre volonté devient plus forte que les mauvais réflexes. Et il vous suffira de sentir l'odeur des algues, de vous souvenir de votre balade en bord de mer, de boire un verre d'eau, de respirer profondément trois fois et d'écouter votre inconscient qui vous guidera en toute sécurité à gérer votre sevrage tabagique. À présent que vous vous êtes totalement libéré du tabac, vous avez ouvert la porte du changement et de la réussite. Vous avez décidé d'arrêter de fumer et de devenir totalement et complètement indifférent à la cigarette. En associant l'hypnose et une parfaite hygiène de vie, vous permettez à votre cerveau de sécréter naturellement davantage d'endorphines. Maintenant, prenez le temps, pour vous même, de vous programmer comme non-fumeur. Votre santé est au top, votre souffle est retrouvé, votre teint de peau est éclatant. Vos amis vous félicitent. Alors, ressentez la joie, le bonheur et la fierté d'avoir réussi. Vous reviendrez à l'état d'éveil en tant que personne indifférente à la cigarette. Vous aurez arrêté de fumer, une fois pour toutes. Votre habitude est une chose du passé. Et commence alors votre nouvelle vie dans l'indifférence totale et complète pour la cigarette. Vous venez de vous programmer pour être totalement et complètement indifférent à la cigarette. Votre nouveau comportement en cas envie de fumer : sera de sentir l'odeur des algues, de penser à votre balade en bord de mer, de boire un verre d'eau, de respirer profondément trois fois. Vous écouterez votre inconscient qui vous guidera en toute sécurité à gérer votre sevrage tabagique.

SE LIBÉRER DE SON PASSÉ

Peut-être pouvez-vous commencer à vous imaginer en train de marcher dans un chemin. Et sachez que même si vous ne voyez pas les images proposées, assurément, elles se manifestent à vous sur votre écran intérieur, alors, laissez-vous aller complètement et surtout, restez en contact avec les sensations de votre corps.

Vous êtes quelque part, quelque part dans la nature, sur un chemin. C'est un chemin connu et inconnu à la fois. Ce chemin est très plaisant. Il vous semble le connaître, mais en même temps vous savez qu'il est différent. Ce chemin vous mène quelque part, dans la nature, mais aussi dans un endroit où vous pouvez accéder à toutes vos ressources intérieures, à tout ce dont vous avez besoin pour accomplir ce que vous avez entrepris d'accomplir, de vivre aujourd'hui : une libération — vous libérer du passé, vous libérer de la contrainte de la partie de votre passé qui est un boulet pour vous, vous libérer du poids, de la lourdeur du passé ; car vous savez que ce qui est passé et qu'aujourd'hui vous vivez au présent, et que pour votre futur il faut être libre de tout ce qui nuit à votre épanouissement. Si votre subconscient accepte de se libérer du passé qui, jusqu'à maintenant, vous a limité, vous continuez de marcher sur ce chemin, mais vous pouvez repartir. Vous voyiez une courbe, une courbe plus loin sur le chemin, une courbe. Ne serait-il pas dommage de ne pas savoir ce qu'il ya derrière cette courbe, après ce virage. Peut-être est-ce un endroit magique. Mais là vous sentez un obstacle, vos pieds n'avancent plus, ils sont tirés en arrière par le passé, par une branche qui s'est enchevêtrée dans vos pieds, mais pouvez-vous retirer cette branche. C'est si simple. Enlevez-là. Prenez le temps d'entrer en contact avec cet obstacle, cette branche, vous n'oublierait pas, mais vous pouvez la mettre de côté. Vous possédez toutes les ressources qu'il est possible d'avoir pour surmonter avancer. Elles sont en vous. Par votre imagination, peut-être pouvez-vous déterminer ce que vous voulez faire, pour continuer d'avancer, puis le faire... ; le faire maintenant ? Maintenant que vous avez surmonté l'obstacle du passé, peut-être ressentez-vous un sentiment de liberté, sentiment que l'on ressent habituellement après avoir accompli une chose merveilleuse. Vous continuez d'avancer dans ce chemin et là, plus loin vous vous êtes au niveau du virage. Et plus bas, en contrebas, se trouve un étang. Vous l'apercevez. Il est grand, peut-être profond ou pas. Un étang que vous voyiez ou pas. L'étang de votre subconscient est là devant vous, bien réel dans votre esprit. Je me demande à quoi ressemble cet étang. Je me demande quelles sont les sensations il va vous procurer quand vous allez touchez l'eau ; cette eau qui représente toute la puissance de votre esprit subconscient. Et vous êtes ici aujourd'hui, vous êtes en contact avec ce lieu pour vous nettoyer, vous libérer, vous ressourcer. Vous êtes ici aujourd'hui pour vous libérer du passé. C'est ici que vous pouvez vous débarrasser du passé, mais pas de votre passé, juste du poids de cotre passé, et de ce qui vous semble inutile. Débarrassez de l'inutile, laissez passer, nettoyez-vous, et sentez l'eau sur vos joues. Oui, vous pouvez vous baigner. Ainsi vous vous débarrassez de tout ce qui n'est plus utile pour vous, vous débarrassez de cela — comme on peut se débarrasser de toute chose néfaste pour soi. D'un geste, vous vous imaginez une partie de votre passé. Remarquez comme ce morceau se détache facilement et jetez-le dans cet étang. Peut-être le moment est-il venu, maintenant, de vous libérer entièrement. Et vous voilà allégé, libre avec le sentiment d'être en pleine maîtrise de vous-même. Un sentiment de libération et une force vous enveloppent complètement. Vous ressentez que chaque cellule de votre corps se nourrit de tout l'oxygène disponible, car vous profitez pleinement du sentiment de liberté. Et maintenant, il est temps pour vous de bien ancrer votre nouveau chemin de vie. À votre rythme, vous sortez de l'eau, vous vous séchez, et vous pouvez suivre le chemin, et quand vous passerez prés de la branche, souriez, c'est classé, c'est son lot de rester là stockée à cet endroit, et bien sûr vous saurez toujours qu'elle a excitée, mais plus jamais elle ne généra.

TROUVER SA BONNE ÉTOILE

Peut-être pouvez-vous commencer à vous imaginer en train de marcher dans un chemin. Vous arrivez dans un jardin fabuleux, aux fleurs variées. L'air y est vivifiant. Vous pouvez sentir le sol sous vos pieds., sentir le vent qui entre en contact avec les parties dénudées de votre peau. Vous vous enivrez de chaque parfum qui vient à vous. En parcourant les allées fleuries, vous vous retrouvez devant une étoile lumineuse. Elle est là, sur le sol. C'est une grande étoile. Cette étoile de lumière représente votre bonne étoile. Cette étoile irradie une lumière dorée. Et dans les branches de cette étoile, vous pouvez même voir circuler des particules d'or des particules qui la rendent vivante. C'est votre étoile. Je vous invite maintenant à prendre votre bonne étoile de et à la placer sur votre plexus solaire. Cette étoile crée pour vous un cycle de confiance que vous ressentez au niveau du plexus solaire, au niveau du lobe frontal, au niveau de la thyroïde, au-dessus de nombril puis au-dessous du nombril. C'est une énergie qui fusionne avec toutes vos cellules et vous vous sentez bien. Chaque jour, vous pensez à votre étoile, et votre étoile vous aide à vous ouvrir à de plus en plus de ressources. Vous voyez les choses de manière plus positive. Et vous portez un nouveau regard vers les choses, les autres et vous même. Vous accueillez cette partie de vous qui était cachée, qui a été mise au jour et que vous pouvez à présent laisser briller, pour mieux voir les choses, pour les voir, les ressentir, les entendre, d'une manière différente, car vous avez confiance en vous. Vous pouvez maintenant entendre les choses différemment, et surtout d'une manière particulièrement utile pour vous et votre entourage. Votre perception change subtilement pour s'harmoniser avec votre réalité, dans les jours, les semaines et les mois qui suivront, vous pourrez avoir l'impression que quelque chose avance vers vous, une grande confiance s'installe en vous. Vous choisissez de décider de placer cette étoile sur votre plexus solaire, dans votre chemin de vie. Quand vous en aurez besoin, vous vous rappellerez que votre étoile de confiance est placée sur votre plexus solaire, invisible, mais bien là, et il suffira de penser à votre étoile de confiance sur votre plexus solaire pour continuer de profiter de sa richesse, et des maintes opportunités qu'elle vous offre. Pour bénéficier des bienfaits de votre étoile de confiance, vous devez faire le choix d'un cap d'une direction, d'une destination, car c'est très important d'avoir un objectif. Et il se peut que dans quelque temps d'ici, vous soyez surpris de constater que vous vivez en pleine confiance en vous, depuis votre rencontre avec cette étoile, votre étoile de confiance. Et vous êtes à même de constater que vous démontrez une belle ouverture d'esprit envers les occasions s'offrent à vous. À présent vous avancez en confiance dans votre chemin de vie.

APRÈS UN DIVORCE DIFFICILE

Peut-être pouvez-vous commencer à visualiser une forteresse. Et sachez que même si vous ne voyez pas les images proposées, assurément, elles se manifestent à vous sur votre écran intérieur, alors, laissez-vous aller complètement et surtout, restez en contact avec les sensations de votre corps. Vous découvrez cette forteresse, bâti pierre après pierre, une forteresse qui vous semblait indestructible ; une forteresse qui vous protégez ainsi que les personnes qui étaient à l'intérieur, un ouragan, une tempête, des obstacles de la vie. Mais vous êtes là. Et vous êtes une personne qui peut relativiser les situations, les dédramatiser accepter le sort des choses, les événements. Et à présent vous observez, la forteresse qui a commencé à s'effriter, les pierres qui se sont désagrégées, bien entendu peut-être avez vous tentez désespérément de rafistoler la forteresse. Mais elle c'est écroulée, sans avertissement peut-être, tout a lâché, tout s'est effondré, s'est brisé. Anéanti, laissé pour compte, hébété, comment vous remettre du cours des choses, mais la réalité est là. Vous n'y pouvez rein changer. C'est pourquoi maintenant, dès maintenant, une action s'impose, pour votre mieux-être, pour le début de la reconstruction de votre vie, de votre nouvelle vie. Vous quittez maintenant cette forteresse désuète et vétuste. Vous quittez les ruines du passé et vous entrez en votre « forteresse intérieure », un fort érigé par vous et pour vous. Vous voilà marchand sur chemin vers un autre avenir. Et vous visualisez que vous marchez sur un chemin qui vous éloigne d'ici et qui débouche sur maintenant. Vous visualisez sur le chemin, une lumière, une lumière qui illumine votre chemin et vous guide. Elle vous éclaire devant vous, elle vous accompagne et vous acceptez de la suivre. Cette lumière est un renouveau qui se dessine. Votre cœur se sent allégé de votre souffrance, car s'ouvre avec cette lumière un nouveau chemin, une nouvelle expérience, le passage à une autre étape, une transition pour transiter vers un nouveau départ. Et à présent, imaginez-vous entrer dans votre nouvelle vie et respire de nouveau, et ressens la Liberté. Inspire et vous ressent une nouvelle envie en toi. Celle de bâtir une forteresse, différente, plus près de ce que vous êtes vous. Et regardez votre nouvelle forteresse, elle est solide, droite, inébranlable c'est une forteresse différente. Vous avez choisi de décider de vous rebâtir à partir de nouveaux matériaux ; de vous reconstruire sur une base nouvelle, sur une fondation nouvelle et solide, celle du respect de vos besoins, de l'honnêteté dans tout ce que vous êtes, de la confiance en vos capacités. Tout au long de la reconstruction, votre subconscient et vous avez décidé de devenir des partenaires, des complices, et votre nouvel ami vous guide dans les étapes de votre reconstruction. Et peut-être est-il agréable, en ce moment, d'entendre que vous êtes accompagné dans la reconstruction de votre vie par ce complice de toujours ; complice qui chuchote des mots, qui formule des discours vous rassurant sur vos forces, sur vos capacités à réussir à vous reconstruire d'une manière plus grande, plus solide, mieux définie. Cette construction répond mieux à qui vous êtes maintenant. Laissez-vous apprendre de votre expérience.

HYPNOSE DE RELAXATION

Peut-être pouvez-vous commencer à visualiser la couleur rouge. Et sachez que même si vous ne voyez pas exactement les images que je propose, en ce moment la couleur rouge, assurément, les images se manifestent à vous sur votre écran intérieur. Vous imaginez une couleur rouge comme des fleurs rouges qui se retrouvent dans un jardin comme des roses rouges, ou des coquelicots rouges.

Maintenant cette couleur rouge remonte le long de votre dos, suivant votre colonne vertébrale, suivant votre cou, suivant un parcours bien particulier et particulièrement relaxant, maintenant vous pouvez laisser s'échapper cette couleur rouge très loin au-dessus de votre tête.

Vous vous relaxez. Vous vous détendez. Et vous allez visualisez la couleur violet cette couleur est comme le violet de toutes ces fleurs qui se retrouvent dans dans un jardin comme des violettes.

Maintenant cette couleur violette descend, le long de votre corps. Il détend votre esprit.

Et vous allez chercher la couleur orange et cette couleur orange remonte jusqu'à votre nombril.

La couleur orange circule de plus en plus rapidement autour de votre nombril, créant une sensation de spirale, une spirale hypnotique qui tourne et tourne autour du nombril, pour que soient relâchées toutes les tensions, toutes les sensations, pour y creuser un puits, un puits rempli de la couleur orange, orange, comme toutes ces fleurs orange qui se retrouvent dans un jardin.

Vous visualisez la couleur jaune et vous imaginez des fleurs jaunes dans un jardin. Vous pouvez observer des arbustes avec des petites feuilles jaunes.

Imaginez que cette couleur jaune se déplace, passant d'un doigt à l'autre. Elle suit un chemin bien particulier., vers une destination, une destination de choix, comme tous ces choix que l'on fait aisément pour se diriger naturellement vers une belle destination, comme le plexus solaire, une région chaude de votre corps, région tout près de vos côtes. Région chaude, région nourrissante, région de votre système digestif. Vous digérez la couleur jaune. Vous la laissez circuler dans tout votre système digestif. Elle va de vos mains à votre système nerveux, du bout de vos doigts à la région de « calme soleil ».

Vous vous détendez et vous allez maintenant visualiser la teinte du vert, le vert qui de la couleur de la tige d'une fleur.

Laissez cette couleur du vert, circuler jusqu'à votre poitrine, elle oxygène votre corps, votre sang, elle vous détend, elle vous relaxe, elle vous amène à vous détendre entièrement et profondément. Les sensations de relâchement s'étendent à tout votre corps.

Vous vous relaxez. Vous vous détendez. Vous allez visualiser la teinte du bleu.

Vous imaginez qu'elle descend jusqu'à votre gorge. Elle vous enveloppe. Elle communique avec vous pour vous reposer, pour vous apaiser. C'est un bleu. Comme le bleu du ciel, un ciel totalement bleu, un ciel calme, aussi calme que le calme qui s'étend au-dessus dans le ciel.

Vous allez chercher visualisez à présent le blanc.

Le blanc relie tout en vous et vous unit à vos sensations, à vos émotions, à vos cognitions. Le blanc vous relie à votre subconscient.

À présent il vous suffira de visualiser ces couleurs, le rouge d'abord qui va des pieds vers la tête, le violet qui détend votre esprit, l'orange qui détend les tensions, le jeune qui relâche vos organes de digestion, le vert qui purifie votre sang, le bleu qui vous apaise mentalement et le blanc qui vous unifie. À présent il vous suffira de fermez les yeux et de visualiser l'une après l'autre vos couleurs, pour entrer dans un état de relaxation total. Et cela vous permettra de profiter de tous les bienfaits relaxants de cette visualisation.

PHOBIE DE CONDUIRE

Peut-être pouvez-vous commencer à visualiser une automobile. Et sachez que même si vous ne voyez pas exactement les images que je propose, en ce moment, assurément, les images se manifestent à vous sur votre écran intérieur. Vous vous assoyez dans cette automobile, spontanément, vous prenez une bonne respiration, en gonflant votre ventre à l'inspiration et en le contractant à l'expiration et votre souffle devient tranquille, stable.

Pouvez-vous me dire, en utilisant le doigt qui oui ou qui non, si vous êtes assise au volant de la voiture ?

Un sentiment de détente vous envahit immédiatement. Et ce sentiment agréable dure pendant tout le trajet. À l'aller comme au retour. Vous inspirez le bonheur d'être en mouvement, de vous déplacer en véhicule. Vous ressentez la quiétude, que ce soit en ville ou sur les routes de campagne qu'il fasse jour ou qu'il fasse nuit. Sur la route il y a une place pour chacun et vous avez votre place.

Pouvez-vous me dire, en utilisant le doigt qui oui ou qui non, si vous êtes bien en train de conduire au volant de la voiture ?

Vous vous ressentez parfaitement en contrôle de vous-même, de votre véhicule vos réflexes sont aiguisés. Vous vous sentez de plus en plus tranquille, parfaitement calme. Le véhicule est devenu une rallonge de votre corps, vous êtes parfaitement en harmonie.

Pouvez-vous me dire, en utilisant le doigt qui oui ou qui non, si vous ressentez ce confort ?

Le même confort est présent, dans toutes les parties de votre corps pendant votre conduite, vous profitez du moment présent vous aimez vous sentir bien pendant votre bonne conduire de plus en plus tranquille et vous conduisez en toute facilité. Spontanément, car vous en avez besoin, vous prenez une bonne respiration, en gonflant votre ventre à l'inspiration et en le contractant à l'expiration et votre souffle devient tranquille, stable.

Pouvez-vous me dire, en utilisant le doigt qui oui ou qui non, si vous respirez bien ce calme en confort ?

Désormais, lorsque vous entendrez le moteur de l'auto que vous conduisez se mettre en marche, vous ressentirez une fierté de conduire, une fierté de plus en plus grande, un confort de plus en plus grand. Et vous choisissez votre propre rythme, votre propre vitesse. Vous avancez en toute sécurité, en toute confiance, tout est devenu réflex et contrôle. Et vous sentez bien en train de conduire.

Pouvez-vous me dire, en utilisant le doigt qui oui ou qui non, si vous êtes bien tranquille au volant de la voiture ?

Et maintenant, c'est dans le plaisir que vous emmenez des personnes en voiture, et leurs paroles sont positives votre conduite, vous sentez fier de vous.

Pouvez-vous me dire, en utilisant le doigt qui oui ou qui non, si vous êtes fière au volant de la voiture ?

Si une inquiétude survient alors que vous êtes en auto alors immédiatement, votre subconscient vous orientera à respirer profondément, en gonflant votre ventre à l'inspiration et en le contractant à l'expiration et votre souffle devient tranquille, stable.

Pouvez-vous me dire, en utilisant le doigt qui oui ou qui non, si vous ressentez bien ce confort ?

Visualisez-vous maintenant, un jour de plein soleil. C'est votre saison préférée. Vous êtes au volant de votre véhicule. Le moteur roule doucement. Ce son est doux à votre oreille, comme le ronronnement d'un chat. Vous circulez sur une route de campagne, confortablement assise. Vous vous dirigez vers un lieu où vous attend une personne que vous affectionnez particulièrement. Et le trajet est si agréable, vous goûtez chaque instant, comme un moment d'évasion bienfaisant. Le paysage est magnifique. Imaginez les sons et les couleurs. Vous écoutez votre musique préférée à la radio. Vous vous sentez heureuse de conduire votre véhicule. Vous êtes à la fois calme et remplie d'énergie. Vous arrivez à destination. Cette personne que vous aimez vous accueille chaleureusement. Vous êtes fière de la rejoindre.

À présent il vous suffira de respirer et de penser à cette expérience pour vous apaiser mentalement et conduire tranquillement en pleine confiance. À présent il vous suffira de respirer et en gonflant votre ventre à l'inspiration et en le contractant à l'expiration et votre souffle devient tranquille, stable et vous entrez dans un état de contrôle total et d plaisir de conduire. Et vous pouvez profiter de tous les bienfaits de cette visualisation quand vous en aurez besoin.

CONTRE L'ANGOISSE

Peut-être pouvez-vous commencer à vous imaginer en train de marcher dans un chemin. Et sachez que même si vous ne voyez pas les images proposées, assurément, elles se manifestent à vous sur votre écran intérieur, alors, laissez-vous aller complètement et surtout, restez en contact avec les sensations de votre corps. Vous arrivez dans un jardin fabuleux, aux fleurs variées. L'air y est vivifiant.

Vous pouvez sentir le sol sous vos pieds, sentir le vent qui entre en contact avec les parties dénudées de votre peau. Vous vous enivrez de chaque parfum qui vient à vous. En parcourant les allées fleuries, vous vous voyez au sol un objet qui vient de poser. Il est là, sur le sol. Vous vous baissez pour l'observer. C'est une branche de lavande, petite et fine avec des feuilles dessus.

Vous prenez une bonne respiration, en gonflant votre ventre à l'inspiration et en le contractant à l'expiration et votre souffle devient tranquille, stable et une odeur particulière arrive à vos narines. Une odeur de lavande. Une vraie odeur. Vous la sentez.

Vous avez traversé une phase de stress particulièrement intense. Et avant encore vous aviez ce stress rien qu'en y pensant, mais plus maintenant. Ces sensations de stress que vous avez ressenties, qui vous ont entourées, qui vous ont encerclées viennent de disparaître rien qu'en sentant cette odeur de lavande. En ce moment, il se peut que vous ressentiez même une grande sensation de calme dans votre vie : de la quiétude, du calme, de la sérénité. Et plus vous humez cette odeur de lavande et plus vous ressentez ce calme, cette vraie lavande qui calme vous apaise.

Pouvez-vous me dire, en utilisant le doigt qui oui ou qui non, si vous sentez la lavande ?

Du lundi matin au dimanche soir, il vous suffit au besoin de penser ou de respirer cette odeur de lavande, et vous n'avez rein d'autre à faire — sensations calmes, d'apaisement et de sérénité. Et vos pensées sont tranquilles, le bien-être s'installe.

Vous pouvez choisir de retrouver votre calme, le choisir avec toutes les fibres de votre être, le choisir pour vous choisir, choisir le calme pour votre survie, et apprendre à gérer mieux les situations avec votre lavande, votre odeur, qui vous permet de voguer calmement dans votre vie qui devient d jour en jour un long fleuve tranquille, et vous vous ressentez tranquille, calme, équilibré, naturelle. Prenez le temps de bien humer votre odeur de lavande, et de regarder calmement les choses, entendez tranquillement ressentez sereinement. Puis, peu à peu, naturellement, voyez-vous calme, et prenez le temps de vous sentir en bien-être. Le cours de votre vie est paisible un peu plus chaque jour.

Toutes les parties de vous se mettent en action pour vous aider à prendre le temps — prendre quelques secondes peut-être — pour vous observer tranquille. Vous mettez le brin de lavande dans votre poche, et vous continuez à vous imaginer en train de marcher dans un chemin, autour c'est un jardin fabuleux, aux fleurs variées. L'air y est vivifiant.

Chaque personne est différente, vous êtes unique dans votre façon d'être, dans votre vie, dans vos forces, dans vos qualités, et il n'existe pas qu'une seule bonne manière d'être en bien-être, c'est chaque jour, vous apprenez à vous relaxer en vous baladant dans ce sentier, que borde un jardin fleuri, et vous sentez l'odeur de votre brin de lavande. Et vous voilà maintenant en train d'apporter des changements à votre être, changements autant intérieurs qu'extérieurs, changements au niveau physique, changements au niveau émotif, changements au niveau de vos pensées, juste en pensant à cette ballade dans ce jardin et à votre odeur de lavande. Respirez. Ressentez votre abdomen qui se soulève lentement lorsque vous inspirez et qui redescend doucement, complètement lorsque vous expirez. Respirez bien cette expérience, de manière à pouvoir continuer de voguer harmonieusement sur le cours de votre vie.

AUTO GUÉRISON

Pour les prochaines minutes, j'aimerais que vous vous imaginiez, marchant sur une plage, une plage magnifique et déserte, où vous vous sentez vraiment bien, l'air est doux. Le sable est comme une poudre fine sous vos pieds. Vous adoptez cette plage. C'est un endroit qui vous appartient complètement un endroit où il n'y a aucune règle imposée. Ici il n'y a rien à faire de particulier. Rien n'a prouvé, personne à plaire... Il peut arriver absolument tout ce que vous souhaitez sur cette plage... sans aucune restriction...

Tandis que vous vous promenez tranquillement... bercé par le son des vagues... vous respirez l'air salin... Ici et là... il y a des petits coquillages transportés par le large et parfois des algues qui sèchent au soleil et sachez que même si vous ne voyez pas les images proposées, assurément, elles se manifestent à vous sur votre écran intérieur, alors, laissez-vous aller complètement et surtout, restez en contact avec les sensations de votre corps. Vous arrivez dans un jardin fabuleux, aux fleurs variées. L'air y est vivifiant.

Au bout d'un moment vous vous éloignez un peu de la plage et vous empruntez un petit sentier entre les arbres. Le son des vagues s'estompe... Vous observez cette nature généreuse qui vous entoure. La végétation. Les rochers. Un peu plus loin. IL vous semble apercevoir un jardin. Un très grand jardin luxuriant. Vous empruntez le chemin qui donne accès à ce jardin. Attiré par le parfum des fleurs vous entrez. Vous admirez les allées parsemées de fleurs multicolores et de plantes exotiques. Vous reconnaissez certaines d'entre elles et vous découvrez d'autres fleurs que vous n'aviez jamais admirées. Vous respirez leur parfum parfois discret, parfois intense et tout au centre de ce grand jardin, il y a une fontaine, un bassin très vaste autour desquels circulent beaucoup de gens des gens de tous âges souriants, détendus, des gens que vous ne connaissez pas et qui ne s'occupent pas de vous. L'atmosphère est calme et tranquillité.

Ces gens ont un point en commun ils ont tous une partie de leur corps dans le bassin. Certains font tremper leurs pieds ou encore leurs mains d'autres baignent leurs cheveux ou sont complètement immergées. Les gens sont paisibles. Il règne ici une atmosphère de calme... et d'harmonie...

Vous observez la scène avec curiosité, intrigué vous vous approchez davantage et vous regardez l'eau du bassin. C'est une eau très claire transparente. Étrangement malgré l'affluence de toutes ces personnes l'eau demeure parfaitement limpide comme une eau de source. Vous vous apercevez également qu'il y a plein de minuscules poissons qui se promènent dans ce bassin.

Et là tout près de vous il y a une personne qui trempe son corps dans l'eau et les petits poissons se réunissent tout autour de ses pieds et commencent à lécher son corps et le système immunitaire se renforce, le sang se purifie, tous les agents pathogènes vont disparaître.

Vous voici maintenant complètement seul au bord de ce bassin. Tout est paisible et silencieux autour de vous. Et là vous décidez vous aussi de vous tremper doucement dans l'eau du bassin l'eau qui est d'une température très confortable. Et puis cette eau est tellement agréable et invitante que vous décidez de vous installer confortablement dans ce bassin. Le corps parfaitement immergé.

Et voici que les petits poissons commencent à s'intéresser à vous. Ils s'approchent et ils commencent à bécoter différents endroits de votre corps et vous les laissez faire. Et tandis que les choses se font... les yeux fermés... vous vous abandonnez à cette merveilleuse détente...

Vous vous sortez de l'eau. Votre corps ressent un bien-être exceptionnel. Vous vous en retournez doucement et maintenant vous savez qu'à chaque fois que vous en ressentirez le besoin vous pourrez venir vous installer confortablement dans ce bassin d'eau limpide et laisser les énergies de guérison de régénération opérer à l'intérieur de vous.

AVANT LES EXAMENS

Je vais vous demander de vous visualiser en train de faire l'inventaire de vos ressources intérieures ; faites-le minutieusement. Vous notez vos acquis, vos réussites, votre potentiel, tout votre potentiel.

Vous connaissez maintenant tout votre potentiel. Et vous êtes confiant dans votre capacité à progresser pleinement vers votre plein épanouissement. Tout cela vous encourage à poursuivre votre progression. En ce moment, vous voulez que ces progrès continuent. Je vais vous demander de vous visualiser en train de réussir votre examen.

Vous allez apprendre maintenant à mobiliser votre potentiel à mobiliser vos différentes et nombreuses capacités ; vos capacités, vous prenez une respiration abdominale confortable, fluides — une respiration vous permettant d'inspirer les éléments nécessaires à donner du souffle à votre confiance et d'expirer les éléments nécessaires à renforcer votre confiance en vous.

À présent en rapprochant vos mains, vous comptez que vous possédez dix doigts. Imaginez que chacun de ces doigts représente une ressource bénéfique pour votre examen. Le pouce de votre main droite est associé au calme, l'index est maintenant associé à vos compétences ; le majeur est associé à votre confiance en vous-même, l'annulaire est associé à votre réussite et, finalement, l'auriculaire est associé la chance et votre subconscient décide d'associer tous les doigts de votre main gauche à votre réussite à votre examen.

LE VŒU HYPNOTIQUE

Peut-être pouvez-vous commencer à visualiser un chemin de randonnée qui borde la mer. Et vous observez les vagues de l'océan, alors vous ressentez un peu plus les vagues, le ressac et la mer. Et sachez que même si vous ne voyez pas exactement les images que je propose, en ce moment, assurément, les images se manifestent à vous sur votre écran intérieur. Vous vous marchez sur ce chemin, et spontanément, car vous êtes bien, vous prenez une bonne respiration, en gonflant votre ventre à l'inspiration et en le contractant à l'expiration et votre souffle devient tranquille, stable. Votre regard se pose sur le sable ou vient naturellement se relâcher le flot des vagues, et vous sentez la fraîcheur de l'eau de mer puis vous sentez l'odeur des algues comme une odeur de fenouil marin. Vous observez que cette odeur provient d'une algue, une plante vivace qui pousse sur les rochers du bord de mer autour de vous.
Un sentiment de détente vous envahit immédiatement. Vous pouvez imaginer que les vagues vous nettoient progressivement de toutes les toutes ondes négatives qui se sont accumulées au fil des années et que votre envie de bien être grandit doucement au fur et à mesure du ressac, du flux et du reflux de la mer. Et vous ressentez une envie de fraîcheur, de santé, de calme, de liberté. Votre énergie vitale devient plus forte que de toutes les angoisses. Votre énergie vitale devient plus forte que toutes les peurs. Puis à présent vous arrivez à un carrefour à droite le chemin monte vers des collines le chemin du retour que vous connaissez avec ses » obstacles, à gauche le chemin suit la mer d'encore plus prés. Et à présent, vous sentez résolument que rien ne pourra contrecarrer votre décision, que nul ne pourra contrer votre objectif, car vous avez décidé de prendre

le nouveau chemin.

Calmement, sereinement vous pouvez voir la mer, vous ressentez le bonheur de respirer l'air libre, d'être dans la bonne voie. Vous êtes bien et vous ressentez que votre santé est resplendissante, que vous avez retrouvé votre souffle. Vous sentez l'odeur agréable de la mer qui monte à vos narines. Et peut-être n'êtes-vous pas seule sur nouveau chemin, peut-être même êtes-vous bien accompagné ?

À présent, imaginez ce que vous allez faire avec votre compagnon. Le bien-être est la sensation primordiale qui vous anime tous les deux.

Vous vous ressentez parfaitement en contrôle de vous-même, de votre vie. Vous vous sentez de plus en plus tranquille, parfaitement calme. Et vous imaginez que vous échangez avec votre partenaire sur vos vœux.

Le même confort est présent, dans toutes les parties de votre corps pendant votre vœu, vous profitez du moment présent vous aimez vous sentir bien et vous imaginez bine votre vœux, de plus en plus tranquille, et vous réfléchissez en toute facilité. Spontanément, car vous en avez besoin, vous prenez une bonne respiration, en gonflant votre ventre à l'inspiration et en le contractant à l'expiration et votre souffle devient tranquille, stable.

Maintenant à mon signal, et seulement à mon signal vous faites votre vœu, une fierté de plus en plus grande un confort de plus en plus grand est en vous. Et vous choisissez de repensez à votre veux pour le renforcer. Vous allez à présent, en toute confiance, visualiser votre vœu qui se réalise. Et vous sentez bien. Et je vous laisse quelques minutes pour bien visualiser votre vœu.

Et vous continuez sur ce chemin, le trajet est si agréable, vous goûtez chaque instant, comme un moment d'évasion bienfaisant. Le paysage est magnifique. Imaginez les sons et les couleurs. Vous écoutez le bruit du vent. Vous vous sentez heureuse. Vous êtes à la fois calme et remplie d'énergie. Vous êtes fière d'avoir accompli ce chemin de vie.

À présent il vous suffira de respirer et de penser à cette expérience pour vous apaiser mentalement et tranquillement en pleine confiance. Construire votre histoire grâce à votre vœu. À présent il vous suffira de respirer et en gonflant votre ventre à l'inspiration et en le contractant à l'expiration et votre souffle devient tranquille, stable et vous entrez dans un état de contrôle total. À présent il vous suffira de respirer et de penser à cette expérience pour vous apaiser mentalement et tranquillement en pleine confiance et construire votre histoire grâce à votre vœu. Et vous pouvez profiter de tous les bienfaits de cette visualisation quand vous en aurez besoin.

PERDRE DU POIDS

Chaque jour je me souviens de mon objectif qui est de maigrir de 2 kg par mois. Je serai avec un corps plus mince dont je serais fière, je pourrais porter des vêtements mieux ajustés. Et à chaque kilo que je perds, je suis de plus en plus fière de moi. Ce que je perds en poids, je le gagne en confiance et en bien-être intérieur. Je choisis de m'alimenter plus en qualité qu'en quantité. Dès maintenant j'adopte une vie plus dynamique, et évidemment je deviens plus séduisante, mais surtout pour moi.

Je vais maintenant me transporter dans le futur, dans huit jours, et une envie de grignoter me prend, ce n'est pas le moment des repas. Je respire par l'abdomen, j'observe ma respiration, et à la fin de chaque expiration je compte jusqu'à 5, puis je respire et je fais cela 10 fois, puis je vois un verre d'eau de 25 centilitres. Je me visualise en train d respirer et de boire. Je sens bien ma respiration, je sens l'eau qui coule dans ma gorge.

Je vais maintenant me transporter dans le futur, dans 15 jours, je suis invité ai restaurant, je dois faire mon choix. Je respire par l'abdomen, je ressens bien mon ventre, je commande un repas équilibré, mes amis me félicitent, avant chaque plat je bois un verre d'eau avant de manager et je mâche doucement en prenant bien le temps, et seulement un peu de vin en fin de plat. Je me visualise en train de manger sainement, de choisir des mets variés et sains, de boire de l'eau avant un plat, de mâcher doucement.

Nous sommes en juin, je me promène sous le doux soleil dans une rue passante de la Briare, alors que je me découvre moi-même dans ma nouvelle silhouette, celle que j'ai toujours aimé avoir et qui correspond vraiment à ce que je suis. Et en même temps que je sens de la fierté en moi, je me sens plein d'énergie et de joie intérieure. Je ressens que je me suis débarrassé des kilos et j'ai retrouvé une énergie. Je me sens merveilleusement bien et je marche tranquillement avec un bien-être retrouvé.

Je prends un plaisir à m'alimenter sainement, que je sois seule, en famille, ou en société. Et en même temps chaque bouchée est mastiquée avec soin c'est devenu un automatisme, je découvre combien il est agréable d'être vraiment et complètement attentif à ce que l'on mange. Je sors de table légère, pleine d'énergie et de vitalité. Je sens délicieusement en moi le plaisir et la joie d'avoir obtenu ce résultat.

Je deviens chaque jour plus à l'écoute de ce que je ressens au plus profond de moi-même. Je me vois me refuser de manger en faisant une autre activité, car j'ai mis en place un automatisme, pour moi manger c'est une activité à part entière et reposante et agréable. Plus à l'écoute de mes propres besoins intérieurs et de ma propre image, je ne ressens plus ni stress ni émotion négative, car je suis bien dans ma peau. Je remercie mon inconscient de me permettre d'atteindre cet objectif et je lui fais entièrement confiance pour l'atteindre.

De mon côté, je m'engage, dès aujourd'hui à mieux m'alimenter, faire de l'exercice et à être davantage à l'écoute de moi — même. Je tire dès à présent de la fierté de cette prise de décision. Et je m'engage à persévérer dans mon action et j'écoute chaque jour mon enregistrement, je fais les exercices de respiration, et je bois deux litres d'eau par jour. Je me visualise écouter respirer et boire.

La personne que je suis devenue va maintenant en rêve expliquer à une autre personne, une qui vous ressembler comme avant, comment se débarrasser de cette charge inutile, de ce poids. Et vous prenez tout le temps nécessaire pour donner des conseils vous lui parlez de manger sainement, de la qualité et en petite quantité, de respirer, de bouger, de boire de l'eau et de respirer.

Votre amie vous sourit et s'engage à suivre vos conseils. À présent vous allez demander à votre inconscient de vous permettre d'atteindre cet objectif. Mais à mon signal. Seulement à mon signal. Allez-y ! À présent il vous suffira de respirer et de penser à cette expérience pour vous apaiser mentalement et tranquillement en pleine confiance et construire votre histoire grâce à votre vœu. Et vous pouvez profiter de tous les bienfaits de cette visualisation quand vous en aurez besoin.

LÉGISLATION

Ce livre est protégé par le droit d'auteur

Le code de la propriété intellectuelle n'autorisant, aux termes de l'article L. 122 — 5, 2° et 3° a, d'une part, que les « copies ou reproductions strictement réservées à l'usage privé du copiste et non destinées à son utilisation collective » et, d'autre part, que les analyses et les courtes citations dans un but d'exemple et d'illustration, « toute représentation ou reproduction intégrale ou partielle faite sans le consentement de l'auteur ou des ayants droit ou ayant cause est illicite » (art. L. 122-4). Cette représentation ou reproduction, par quelque procédé que ce soit, constituerait donc une contrefaçon sanctionnée par les articles L. 335-2 et suivant du Code de la propriété intellectuelle.

Le droit d'auteur français est le droit des créateurs. Le principe de la protection du droit d'auteur est posé par l'article L. 111-1 du code de la propriété intellectuelle (CPI) qui dispose que « l'auteur d'une œuvre de l'esprit jouit sur cette œuvre, du seul fait de sa création, d'un droit de propriété incorporelle exclusif et opposable à tous. Ce droit comporte des attributs d'ordre intellectuel et moral ainsi que des attributs d'ordre patrimonial ».

Code ISBN 9781729330609

Marque éditoriale : Independently published

www.ingramcontent.com/pod-product-compliance
Lightning Source LLC
Chambersburg PA
CBHW051233250726

48655CB00006B/2752